Alles zwischen uns
Und nichts, was uns noch bleibt

Tamara Murowatz

Alles zwischen uns

Und nichts, was uns noch bleibt

Lyrikband

Impressum

Bibliografische Information der Deutschen Nationalbibliothek:
Die Deutsche Nationalbibliothek verzeichnet diese Publikation
in der Deutschen Nationalbibliografie; detaillierte
bibliografische Daten sind im Internet über http://dnb.dnb.de
abrufbar.
Die automatisierte Analyse des Werkes, um daraus
Informationen insbesondere über Muster, Trends und
Korrelationen gemäß §44b UrhG („Text und Data Mining") zu
gewinnen, ist untersagt.
© 2025 Tamara Murowatz
© Grafiken im Buchblock über Canva erstellt
© Coverdesign by Tamara Murowatz über Canva

Verlag: BoD · Books on Demand GmbH, Überseering 33, 22297
Hamburg, bod@bod.de
Druck: Libri Plureos GmbH, Friedensallee 273, 22763 Hamburg
ISBN: 978-3-7693-2622-2

INHALTSVERZEICHNIS

Ich wollte nie etwas haben, dessen Verlust ich nicht verkraften könnte.

Dann hatte ich dich und in dem Moment, in dem ich deine Hand, das allererste Mal hielt, wusste ich, dass ich nie wieder der Mensch sein würde, der ich vor dir war.
Und in dem Moment, als ich deine Hand das letzte Mal loslassen musste, und ich wusste ich verlier dich, spürte ich, dass ein Teil von mir für immer unvollständig sein würde.

Vom Finden und Verlieren

Unschön, dich kennenzulernen

Es ist Freitag, wieder mal
Den Weg gefunden,
als sei alles endlich klar.
Ich mache, was man von mir erwartet,
meinen Weg gehen, mich bilden
Mich einfach anpassen an diese Welt;
Das Wichtigste ist,
Mir mangelts später nicht an Geld.
Denn was bringt es mir denn,
Ein Leben voller Leidenschaft,
Voll von Feuer und Magie?
Das ist kindlicher Schwachsinn,
Ungern gesehen
Ich bin 19 gerade und ich weiß,
Diese Welt *will* mich nicht verstehen.
Das ganze Haus voller Nebel,
Qualm aus Zigaretten und Gras,
wie bin ich hier nur gelandet?
War nur eine Begleitung von jemandem,
Und keine Stunde nach Ankunft,
Steh ich allein da;
Viel zu betrunken, völlig neben mir
Doch plötzlich sitz ich neben dir;
Strahlend blaue Augen, blondes Haar
Du siehst gut aus,
Plötzlich will ich nicht mehr nachhaus'.

Wir kommen ins Reden,
Der Bass um uns rum noch am Beben;
Jemand bietet mir die Bong an
Und um entspannter zu wirken,
Zieh ich daran.
Der Rauch füllt meine Lungen,
Ich huste wie verrückt
Du musst drüber lachen
Mein Versuch ist missglückt;

Minuten später sind deine Lippen auf meinen;
~~Heut' bringt mich diese Erinnerung zum Weinen~~
Ich spring auf, hab die Kombi nicht vertragen;
Mir schlägt das Gift auf den Magen.
Mein Abgang so peinlich,
Was hab' ich da getan?
Ich kenn dich doch gar nicht,
Ist nicht meine Art,
Hoff ich sehe dich nie wieder;
Doch auf meinen Lippen
Noch der Ausdruck deiner Küsse;
Ich glaub,
Ich werd dich irgendwann vermissen.

Frühlingsgewitter

Die Zeit vergeht, wenn man jung ist,
Ich hab' geblinzelt und plötzlich war es Frühling.
Der Winter hat etwas in mir hinterlassen,
Doch ich kann nicht sagen was,
Es nicht in Worte fassen
Irgendwas hat sich verändert;
Da war doch nur dieser Typ,
Dessen Namen ich nicht kenn
Doch entflammte ein Feuer,
Dass nicht aufhören will zu brennen.

Ich bin mit neuen Freunden unterwegs,
Unsere wöchentlichen Treffen im Park,
Wir trinken gern und rauchen viel,
Haben alle keinen Plan,
Aber jeder hat ein Ziel;
Plötzlich hör ich eine Stimme, zu vertraut -
Da ist es wieder, dieses Lachen;
Und in eben dieser Sekunde
Hast du mir das Herz gestohlen.
Wie ein Frühlingsgewitter
Brichst du über mich hinein
Unpassend und unerwartet,
Völlig ungewollt
Kann das wirklich Liebe sein?

Leuchtturm

Es dauert nicht mal Wochen,
bis ich dich nicht mehr wegdenken kann
Aus meiner Welt.
Was das mit uns ist,
Kann ich noch nicht verstehen;
Ich bin gern mit dir zusammen,
wir sind gute Freunde
und du bringst mich zum Lachen.
Du machst mein Leben wieder bunt,
Selbst wenn ich meinen Pinsel zerbreche
Und die Farben verschütte.
Ich muss nicht gerettet werden,
Trotzdem bist du mein Held.
Nach unserem Wiedersehen
Fangen wir an uns zu schreiben
Und hören nicht mehr damit auf.
Irgendwer hat immer was zu sagen.

Du bist mein Leuchtturm,
Auch an den dunkelsten Tagen,
Wenn mein Blick vernebelt ist,
Leuchtest du mir meinen Weg.
Es fühlt sich so an,
Als könnte nichts uns jemals trennen,
Und ich hoff dieses Feuer
Hört nie auf zu brennen,
Ich weiß nicht mehr, wer ich wäre,
Würden wir uns nicht kennen.

Der Sturm in mir

Du bist du und ich wäre gerne weniger wie ich
Du lachst nur, wie du's immer tust
Und du legst beim Film schauen
Deinen Arm um mich
Als wär's das Normalste auf der Welt.

Wir essen Pizza und trinken Bier
Doch ein Teil von mir wünscht sich,
Ich wäre nicht mehr hier.
Ich würde dir gerne sagen, was ich fühle,
Es irgendwie greifbar machen für dich,
Doch in meinem Kopf ist ein Sturm,
Wenn du weg bist
Und auch wenn du da bist,
Herrscht die Flut;
Ich sehne mich so sehr nach der Ebbe,
Nach dem Ende der riesigen Wellen,
Doch das Wasser steht mir bis zum Hals,
Du kannst nicht sehen, wie ich in mir ertrinke,
Doch wie könntest du das auch?
Und selbst wenn du es sehen würdest,
Meine Angst, dass du mit mir ertrinkst
Ist allgegenwärtig und nimmt,
Wie die Wellen, kein Ende.

Ich hol den Pfefferminzlikör aus dem Keller,
Hoff dieses Drücken im Kopf
Legt sich damit schneller
Doch du bist trinkfester als ich,
Das warst du schon immer
Und mit jedem Schluck,
Mach ich alles nur noch schlimmer
Ich setz mich selbst viel zu sehr unter Druck;

Wir wollten uns gerade wieder küssen
Doch ich hab's mal wieder übertreiben müssen,
Verschwinde ins Bad
Und bitte dich dann zu gehen.

Vielleicht wirst du das alles,
Dieses Chaos in meinem Kopf,
All die Stürme in mir,
Irgendwann verstehen

Komm mir bitte nicht zu nah

Du gibst dein Bestes, um mich zu halten
Bei dir oder bei mir selbst,
Ist dir ganz egal
Doch ich vergesse wieder abzuschalten;
In mir eskaliert es,
Die Angst ist viel zu groß.

Komm mir bitte nicht zu nah,
Doch bitte lass mich niemals los;
Bitte halt dich fern von mir,
Doch bitte bleib auch da;
Wenn ich dich an mich ranlasse,
Werde ich dich nur verbrennen,
Und am Ende wirst du dir wünschen,
Du würdest mich nicht kennen.

Ich bin mein Leben lang nur am Rennen,
Weg vor dir und vor mir selbst
Und egal wie geduldig du bist
Egal wie oft du mir sagst,
Dass du mich vermisst
Ich stoß dich von mir weg;
Ich werde dich lehren mich zu hassen
Und am Ende kannst du
Mich guten Gewissens verlassen;

Und obwohl ich mich so verhalte,
Dich glauben lasse, du wärst mir egal
Kann ich dich trotzdem nicht loslassen
Und dass ich so bescheuert bin,
Kann ich selbst nicht fassen

Hätte man mir gezeigt,
Was Liebe ist,
Könnte ich das Alles vielleicht besser,
Doch für mich ist Liebe
Eine größere Gefahr als tiefe Gewässer.

Ich halt mich nicht aus

Ich werde wahnsinnig,
Ich kann mich selbst so nicht aushalten;
Würde alles geben,
Um dieses Chaos auszuschalten.
Das Dunkle in mir ist zu gefährlich;
Ich wäre wenigstens zu dir gerne ehrlich.

Jedes Mal, wenn ich mein Licht wieder finde
Will ich's noch einmal versuchen;
Du lässt dich wieder auf mich ein,
Und am Ende dieser Geschichte
Wirst du mich dafür verfluchen
Doch ich weiß genau wie du,
Dass was wir beide haben,
Ist das, was Andere ein Leben lang suchen

Doch wir sind beide viel zu jung,
Wiederholen Fehler als Wesenszug,
Ich will viel zu viel von dir,
Doch kann dir nichts dafür bieten
Ich habe nur mich selbst
Und viel zu viele Ängste.

Du verdienst was Besseres,
Jemanden der weniger am Rad dreht
Ich weiß das, wirklich
Und ich würde mich für dich ändern,
Wenn ich nur wüsste wie
Doch jedes Mal, wenn du mich gehen lässt
Fühlt's sich an für mich
Als ob du mich wieder verlässt.

Lass uns Freunde bleiben

Du weißt genau, was ich brauche,
Doch du kannst es mir nicht geben.
Dein eigenes Päckchen lastet auf dir,
Doch von außen betrachtet,
Kannst du damit gut leben.
Ich kenne deine Ängste und deine Grenzen,
Doch kann ich sie nicht respektieren,
Sie sind mir zu eng
Und ich würde daran Ersticken
Also lass uns mal nach vorne blicken.
Vergiss die Schmetterlinge und alles dazwischen,
Machen wir so weiter,
Ist das wie in einem leeren Teich zu fischen;
Es gibt für uns aneinander nichts mehr zu holen,
Und wenn wir uns nicht loslassen können,
Dann bleiben wir halt Freunde.
Vielleicht hört es irgendwann auf,
Dieses Brennen, wenn wir uns berühren,
Die Sehnsucht in unseren Blicken.
Und egal, wen du triffst,
sie ist nicht gut genug für dich - find ich.
Und egal, wen ich küsse,
Er ist nicht gut genug für mich - denkst du
Dieses Spiel können wir ewig spielen,
Doch am Ende verlieren wir es beide.

Pflaster

Wir werden älter,
Langsam erwachsen
Ich kann das nicht ertragen,
Und habe immer noch diese Phasen.
Ich fleh dich an, in die Bar zu kommen
Ich bin müde und betrunken
Und mir fehlt der Mut
Du kommst endlich bei mir an
Und für einen Moment geht's mir gut
Deine Nähe ist wie ein Pflaster für meine Seele
Du bist der Mensch, auf den ich immer zähle;
Doch dann kippe ich wieder,
Weil ich mich erinnere,
Wie ich immer alles ruiniere,
Und mit immer, mein ich wirklich immer
Ich geh vor die Tür und zünd eine Kippe an;
Wollten immer füreinander da sein,
Du hältst dich daran.
Du kommst zu mir raus
Und du lehnst dich an die Wand
Werd kurz abgelenkt vom Blau deiner Augen,
Du raubst mir noch immer den Verstand

Dann füllen sich meine Augen mit Tränen,
Ich zweifle an mir selbst;
Was ist, wenn der Weg, den ich gehe,
Der falsche ist?
Wenn ich die Menschen nicht halten kann,
nur Erfahrungen teilen?
Ich bin doch selbst zu kaputt,
Wen soll ich da heilen?

Du nimmst mich in den Arm
Und damit für einen Moment all meine Ängste;
Du wischst mir die Tränen weg
und du sprichst zu mir;
Du sagst mir, dass du an mich glaubst
Und du erzählst davon, wie stark ich bin
Und ich weiß,
Solang du da bist,
Krieg ich alles hin.
Mit dir in meinem Leben,
Hat es zumindest einen Sinn;
Du bist mein Pflaster,
Mein Leuchtturm,
Mein allerbester Freund.
Ich zieh draußen nochmal an meiner Zigarette
Was wäre nur, wenn ich dich nicht hätte?

Benzin

Ich mach weiter,
Wie wir's besprochen haben
Was uns jetzt erwartet
Hinterlässt nichts außer Narben
Ich treffe andere Kerle;
Dich macht das krank,
Verlier dich dabei langsam,
Doch spürbar
Und du ziehst dich von mir zurück.

Dann lass mich halt hängen,
Ich find auch ohne dich mein Glück;
Das sag ich jedes Mal,
Es endet immer gleich,
Du findest mich am Boden,
Ich bin wieder zerbrochen.

Zwei Wochen später sind deine Lippen so weich
Als sie auf meine treffen,
Wir wiederholen es,
Töricht wie wir sind
Was wir uns da antun, ist gefährlich,
Doch dafür sind wir blind.
Wir rauchen an der Tankstelle,
Neben verschüttetem Benzin
Doch wir können keine Grenzen ziehen.

Das läuft so einmal, zweimal
Und die Geschichte wiederholt sich;
Dann entweiche ich dir wieder
Und du nimmst es einfach hin,
Weil ich halt so bin.
Ich küsse einen Typen,
Verletz dich diesmal richtig
Verlier mich selbst dabei
Und dich gleich mit
Und ohne dich an meiner Seite,
Erlischt mein letztes Licht.

Alles, aber nicht dich

Wir vergeben einem Menschen,
Bis wir ihn nicht mehr lieben.
Wir vergeben einander alles,
Doch sprechen es nie aus
Und auch niemals darüber
Wie oft wir uns das Herz gebrochen haben.

Und während meins gebrochen war,
Schleicht er sich hinein;
Er gibt mir Liebe und Halt
Er stützt mich.
Hält für eine Weile das Licht,
Welches du sonst gehalten hast.
Also gebe ich mich ihm hin,
So wie ich eben bin.

Er ist liebevoll und zärtlich,
Und was er fordert,
Ist ein kleiner Preis
Ich hör auf zu rauchen und zu trinken
Treff meine Freunde nicht mehr.

Du und ich haben selten noch Kontakt
Und als er will,
Dass ich mit dir breche
Sag ich ihm,
Dass er alles haben,
Dass ich ihm gerne alles gebe,
Was ich geben kann;
Aber nicht dich
Ich gebe gerne alles auf,
Ohne zu zögern,
Aber nicht dich

Motten

Ich kauf ein Haus,
Mit dem Typen
Der dir nicht ganz geheuer ist.
Doch er ist alles,
Was du nicht bist,
Was du nicht sein willst,
Oder sein kannst;
Wie auch immer.
Wir reden seltener
Und wenn wir es tun
Machen wir es nur schlimmer.
Du zweifelst an meinen Entscheidungen,
Du hältst mich für impulsiv,
ich denke nicht nach
Denn ich leb nur im Moment,
Und aus den Schmetterlingen im Bauch,
Die du mir einst gabst,
Wurden Motten, die mein Herz zerfressen.
Für dich bin ich doch sowieso nur eine Last.
Also ignorier ich deine Warnung,
Ich bin viel zu stur,
Wegen allem, was du mir nie gegeben hast.

Der Kontakt reißt immer wieder ab;
Du lässt mich Tage auf eine Antwort warten
Ich werde wütend deswegen
und brenn alles nieder
Was mich je ausgemacht;
Jeden Text, alle Lieder
Und alles, was uns je verbunden hat.

Vom Wiederfinden und wieder verlieren

24

Wendepunkt

Dann hör ich fast ein halbes Jahr nichts von dir,
Doch plötzlich tauchst du wieder auf.
Das neue Jahr beginnt,
Du gratulierst mir zum Geburtstag,
Tage später zur Verlobung.
Doch all dieses Glück trügt,
Auch dich.

Ich sehe in den Spiegel
Und erkenne mich nicht;
Ich spür,
Ich muss ausbrechen.
Verschwinde ein paar Wochen;
Komm eines Nachts nachhause;
Dann ist sein Herz gebrochen
Wie das Porzellan in der Küche.

Ich schreib dir wieder,
Du bist wieder für mich da;
Du warst mir ewig so fern,
Jetzt sind wir uns wieder nah.

Du gehst mit mir in die Bar,
Dann bringst du mich nachhause
Und ich merke es schon wieder,
Es hört niemals auf,
Es macht keine Pause.
Soll ich's dir sagen,
Sollt ich's lieber vertagen?
Beides fühlt sich jetzt schon an wie Versagen.

Immer nur du

Haben uns zum Abschied noch umarmt
Und darin lag alles zwischen uns
Und nichts dahinter.
Bei dir fühl ich Dinge,
Die ich so nicht kenne.
Das war damals schon so
Und ist es heute auch.
Ganz egal wie weit ich vor dir floh,
Es ist egal ob's Sommer ist
Oder tiefster Winter;
Du bringst mir Wärme in
Mein Herz, diese Eiswüste.
Doch wie lange können wir das noch,
Ehe ich Alles zwischen uns verwüste?
Ich lieg auf dem Sofa meiner Eltern
Um mich dreht sich alles;
In mir dreht sich alles nur um dich,
Ich schreib dir und bereue es
Noch bevor ich diese Nachricht schick.

Ich weiß nicht,
Was du mit mir machst
Oder was du an dir hast,
Das mich jedes Mal vergessen lässt,
Das wir zwei verurteilt sind
Zum Scheitern und Verlieren.

Ich will jedes Mal zurück zu dir
Und bin nur bei dir
Für einen Moment bei mir.
Du löst jeden Knoten in meinem Kopf;
Doch du bist kein Deckel,
Und ich bin kein Topf.

Ich werfe dir vor,
es sei jedes Mal das Gleiche
Nichts könne bewirken,
Dass ich von deiner Seite weiche
Doch was ist, wenn ich dir nicht reiche?
Ich rede von Ängsten,
Die nur du mir nehmen kannst
Und was ich dir dann schreib,
Bricht mir das Genick;
Ich liebe dich
Und ich weiß nicht wieso,
Du bist mein bester Freund
Und habe ich dich,
Habe ich alles, was ich brauch.
Vor allem meine Ängste
Die mich immer dann zerfressen
Wenn es wirkt,
Als könntest du's vergessen –
Das Alles zwischen uns.
Dann gibt es nichts, was uns noch bleibt.

Eigentlich warst du es immer;
Du, der zu dem ich hinwollte
Neben dem ich schlafen wollte
Mit dem ich erwachsen werden sollte.
Und jeder Moment in dem ich dachte
Ich verlier dich
Brach mein Herz so bitterlich,
Jedes Mal schreit ein Teil von mir
Bitte, geh nicht.

Und du meinst, dir geht es auch so
Damit geht das Drama weiter,
Doch ist bald schon nicht mehr heiter

.

Pinguine

Wir haben wenigstens den Frühling,
In dem wir uns mal wieder
Um den Verstand bringen.
Wir haben endlos viele Dates
in meinem Kofferraum
Und jede Sekunde mit dir fühlt sich an,
Wie ein lang verlorener Traum.
Und ich frag mich,
Wie man so sehr lieben kann.

Im April hast du Geburtstag
Und weil's da etwas gibt,
Was ich dir noch nicht sag,
Schenk ich dir einen Pinguin,
Aus Holz und winzig klein -
So kann er immer bei dir sein.
Vor allem immer dann,
Wenn ich's nicht kann.
Und vielleicht weißt du es noch nicht,
Doch Pinguine bleiben
Ihr Leben lang zusammen.
Und egal was auch passiert,
Irgendwie bleib ich für immer bei dir,
Und wenn es nur ein Teil ist,
Denn du bist auch für immer
Ein Teil von mir.

Verlier mich

Ich bin traumatisiert,
Nervlich am Ende.
Die Story mit uns nimmt wieder eine Wende.
Du verstehst die Signale nicht,
Die ich dir sende,
Ich breche zusammen
Und verliere wieder dein Licht.

Ich brenne ständig alles nieder
Und verlier dich deshalb immer wieder.
Ich hoff, diesmal bleibst du mir fern
Ich hoff, du hast mich trotzdem noch gern.
Auch wenn ich dich glauben lasse,
Dass ich das, was wir sind, hasse.

Lass dich fühlen, als wärst du für mich
Einfach nur ein Mensch zweiter Klasse
Als bedeutest du nichts;
Doch es liegt nicht an dir,
Dass ich mich selbst hasse
Ich habe nur nie gelernt,
Wie das geht sich zu lieben
Und sich lieben zu lassen.

Hättest du das gewusst,
Wärst du trotzdem geblieben?
Hab mit meiner Art
Bisher jeden vertrieben.
Bestimmt hättest du mich sowieso verlassen,
Rede ich mir ein
Und schaff mir Gründe dich zu hassen.
Mich zu lieben ist hart,
Doch dir war's das wert.
Doch egal was du tust,
Ich versteh dich immer verkehrt.

Paar Wochen später hab ich mal wieder
Wen neuen am Start;
Die Info landet bei dir
Und du findest es hart.

Weißt du, wie schnell ich ständig laufen muss
Nur um nicht an dich zu denken?
Denn auch neben ihm
Denk ich nur an unsern letzten Kuss
Kann mich denn wirklich nichts ablenken?

Ich fang an zu trinken wie ein Loch,
Wie viel bitte noch
Bis ich dich vergessen kann?
Flehe ich zu einem Gott,
An den keiner von uns beiden glaubt.

Doch das ändert auch nichts
Ich kanns nicht mehr ändern
Versuch einen letzten Ausweg,
Mit Erinnerungen an Zeiten vor dir
Diesmal lauf ich weit weg vor mir.

Mein Freund ist echt süß,
Wir verstehen uns gut
Doch auch er nimmt mir nicht
Diese unendliche Wut
Die ich auf mich habe
Und auf meinem Körper entsteht
Eine weitere Narbe
Und am Ende des Monats
Ist er nur eine weitere Kerbe im Bett.

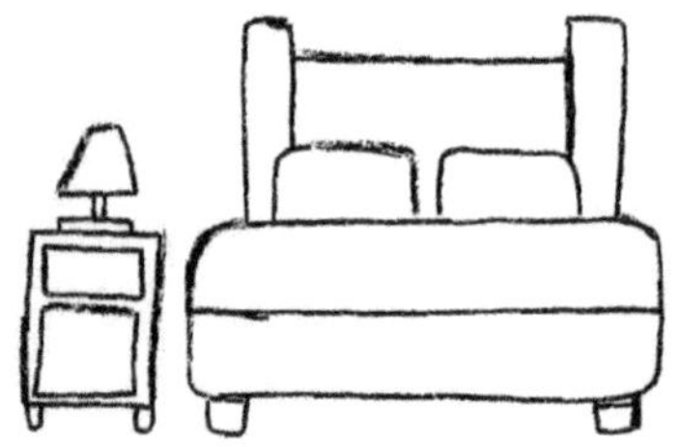

Wenn Knochen wie Herzen brechen

Doch diesmal übertreibe ich es
Ich übertreffe mich selbst;
Geh feiern und trinke zu viel
Für mich ist immer alles nur ein Spiel.
Trotzdem plagt mich das schlechte Gewissen
Gleich danach folgt
Dich viel zu sehr vermissen
Ich tanze und knicke um,
Riesenblamage und fühl mich dumm.
In der Notaufnahme sagt man mir
Der Knochen sei gebrochen
Ich bräuchte dich jetzt
Doch komm ich nicht wieder angekrochen.

Ich weiß um die Wunden,
Die ich dir getan
Lasse weder dich
Noch wen sonst,
Jemals an mich ran.
Der nächste Versuch dich zu ersetzen folgt;
Verspricht diesmal etwas mehr Erfolg.

Der Herbst zieht an mir vorbei
Werd operiert und Zuhause dann ans Bett gefesselt
Das macht Nichts besser.

Und als wüsstest du,
Dass ich dich brauche,
Erlöst du mich,
Mal wieder,
Mit einer Nachricht,
Weil da immer was ist,
Das bleibt oder nicht
Zwischen uns.

Von letzten Chancen

Hab so oft darauf gehofft,
Es braucht nur ein bisschen Zeit
Uns immer wieder verloren, zu oft
Jedes Wiederfinden endet mit Leid

Wir ziehen uns an wie Magnete,
Du bist ein Minenfeld,
Dass ich immer wieder betrete.
Als wären wir jederzeit bereit zu sterben
Rennen wir wieder in unser Verderben

Doch diesmal gehen wir auf's Ganze
Nochmal kurz so ne Romanze
Bevor wir nie mehr miteinander sprechen
Und uns für immer das Herz brechen

Mojitos im Dezember

Wir sind die größten Idioten,
Die ich kenne.
Es ist Dezember
Aber nicht zu kalt,
Weil ich für dich immer noch brenne.
Ich kotz mich wieder bei dir aus
Über Typen die nicht du sind
Du kennst das zu gut,
Denn du bist nicht blind.
Wir wollten nur ein paar Glühwein trinken,
Doch dann führen wir Diskussionen,
In denen wir versinken.
Du hältst mir einen Vortrag darüber,
Dass ich mir immer nur Idioten suche;
Immer wieder das gleiche tue
Und ein anderes Ergebnis erwarte.
Ich finde meinen Weg nicht,
Doch du bist meine Landkarte
Wir trinken Mojitos im Dezember
Und ich wünscht,
Ich könnt mich ändern.

Du schaust besorgt auf die Uhr,
Dein bester Freund wartet,
Du hättest nicht geglaubt,
Wir versacken noch so.
Ich werde traurig,
Denn ich will noch nicht gehen.
Du liest meine Blicke,
Du kannst es verstehen.
Wir rufen ein Taxi
Und du nimmst mich mit.
Premiere für uns.
Sonst nimmst du mich nie mit,
Zu Leuten, die nur du kennst.
Doch bitte achte darauf,
Dass du dich nicht verbrennst.

Der Raum ist verraucht,
All die Luft ist verbraucht.
Der Abend ist schön
Und könnte ich mir was wünschen
Würde er nie zu Ende gehen.
Wir fahren in eine Bar
Ein Dutzend Orte entfernt
Du hast eigentlich keine Lust,
Doch wenn ich sage ich will,
Ist es was, das du tun musst.

Meine Stimmung dort kippt schnell,
In mir war's grad eben noch hell.
Dann wird mir klar, was ich tue
Wieso lass ich dich nicht in Ruhe?
Ich will bei dir sein,
Einfach nur als Freunde;
Doch deine Nähe macht mich süchtig
Doch ist die wahre Liebe
Nicht genau dafür berüchtigt?

Ich brauch frische Luft und springe aus der Bar
Ich bin viel zu blind, viel zu betrunken,
Für jede Gefahr.
Gesell mich zu ein paar Typen,
Die scheinen ganz nett
Doch möglicherweise
Hätten sie mich gern im Bett.

Keine Minute später bist du schon da,
Du bist irgendwo zwischen sauer und besorgt.
Die Typen verschwinden,
Ich kann noch nicht rein.

Es ist kalt im Dezember
Und ich kuschle mich an
Ich spür deine Wärme,
Doch dann
Meinst du ich mach's dir damit nicht leichter
Wieso mach ich's dir schwer?
Ich frag mich ständig,
Was wir wären,
Wenn nicht alles so gelaufen wäre.
Ich denk ich lieb dich wirklich,
Vielleicht wirklich zu sehr.

Ich breche dir jedes Mal aufs Neue das Herz
Und spür damit nicht nur meinen,
Sondern jedes Mal auch deinen Schmerz.
Es gibt für mich keine Grenzen,
Außer alles zwischen uns
Und nichts, was uns noch bleibt.
Du bringst mich noch nachhause
Und ich fang wieder an zu weinen,
Denn es ist wie's schon immer war
Außer dir will ich keinen
Doch was ich bin,
Was du bist,
Das steht alles zwischen uns
Und wenn wir uns verlieren,
Gibt's da nichts, was uns noch bleibt.

Zwischen dir und der Welt

Wir lernen nicht aus unserer Vergangenheit
Alles, was wir wollen,
Ist ein bisschen mehr Zeit.
Zeit miteinander und Zeit ohne Streit
Und ein kleines bisschen Unendlichkeit.
Doch wenn wir jetzt nichts ändern,
Kommen wir nicht weit.
Der Dezember ist voll mit Textnachrichten;
Mein Freund will mich sehen,
Doch für mich gibt's grad nur das mit uns.
Und müsste ich mich entscheiden
Zwischen dir und der Welt
Würd ich immer dich wählen
Weil mir das Leben nur mit dir so leichtfällt.

Und da sind wir schon wieder
In dieser Hütte deiner Freunde
Morgens um halb vier wollen wir gehen
Doch ich will noch eine Runde drehen.
Du willst eigentlich ein Taxi nehmen,
Aber ich will lieber laufen
Weit weg vor meinen Problemen.

Der Weg ist ewig weit,
Doch ich brauche diese Zeit.
Und weil du eben bist, wie du bist,
Begleitest du mich.
Wir haben uns viel zu lang vermisst.

Wir lachen und reden
Über uns und das Leben;
Und in einem schwachen Moment
Bin ich viel zu enthemmt.
Ich beschwer mich bei dir über dich
Und ich weiß,
ich mach dich wahnsinnig.
Meine Gefühle überfordern mich,
Denn egal was ich tue,
Es geht immer um dich.
Doch wir wissen beide,
So funktioniert das nicht
Du willst eine klare Entscheidung
Und nicht wieder vergebens hoffen,
Denn ich habe immer Gründe
Und halt mir alles offen.
Diesmal soll es alles oder nichts sein
Und ich weiß noch immer nichts,
Nur außer dir will ich keinen.

Doch ich hab Angst dich zu verlieren
Doch du möchtest wirklich,
Dass wir's endlich probieren.
Und ich verstehe diesen Wunsch,
Ich will das doch auch,
Denn nur du machst
Mir Schmetterlinge im Bauch.

Doch ich brauch ein paar Tage
Ist was ich dir sage
Ich muss Dinge für mich klären
Und jemandem das Herz brechen
Und danach können wir über uns sprechen,
Und aus unserem Teufelskreis
Ein für alle Mal ausbrechen.

Das Fest der Liebe

Am 23. Dezember sag ich ihm es ist aus.
Er kennt mich schon ewig,
 Also hält er das aus.
Zeigt mir sein Verständnis
Und will befreundet bleiben.
Ich mein
Mal sehen, man könne ja schreiben.
Ich sag dir noch schnell Bescheid,
Doch bin für die große Entscheidung
Noch immer nicht bereit.
Es ist Weihnachten,
Also hat das Zeit.

 Ich liege Stunden im Bett
 Denk drüber nach,
was wäre, wenn ich dich nicht hätte.
Ich zerbreche mir den Kopf,
Und rauch noch eine Zigarette.

Doch wenn wir es jetzt nicht versuchen
Werden wir es für immer bereuen.
Ich treffe eine Entscheidung,
Das zu hören wird dich freuen;
Zumindest kann ich das nur hoffen.
Die finale Entscheidung
Steht immer noch offen.

Ich bereite mich vor,
auf den wichtigsten Moment
Ab morgen gibt es nichts mehr,
Was uns je wieder trennt.
Diesmal gehen wir aufs Ganze,
Eine allerletzte Chance.
Ich will es noch einmal probieren,
Bevor wir uns für immer verlieren.

Alles oder Nichts

Ich bin angespannt wie noch nie
Doch wir sind schon immer besonders
Und waren noch nie wie die.

Mit die mein ich,
Wie unsere Eltern.
Egal wohin das Schiff auch fährt,
Mit dir werde ich nicht mehr kentern.
Also nehme ich all meinen Mut zusammen
Und hab das Gefühl,
Ich stehe in Flammen.
Ich tippe die Nachricht
Und schicke sie ab;
Es ist diese Nachricht,
In der ich dir alles gebe,
Alles was ich zu bieten hab.
Lass es uns endlich versuchen
Und alle Fehler von früher
Als kindisch verbuchen.

Wir sind jetzt Ende Zwanzig,
Es wird Zeit dem nachzugehen.
Denn so wie du,
Wird mich keiner je verstehen.
Und so wie ich,
Wird dich keine je verstehen.
Diesmal ist es alles oder nichts,
Wir können diesmal nicht verlieren;
Wir wollen es beide endlich probieren.
Denn es gibt nichts,
Das mich so glücklich macht wie du.
Alles mit dir –
Es gibt nichts, was ich lieber tu.

Endlich Liebe

Unser Timing war schon immer sehr speziell
Und die gemeinsame Zeit
 Vergeht wie immer viel zu schnell.
Zwischen Dates in meinem Kofferraum
An unserm Platz am Wald
Und nächtelangen Gesprächen,
Wissen wir was uns erwartet.
 17 Flugstunden trennen uns bald
Doch nur für ein paar Wochen;
Und auch das wird uns nicht aufhalten,
Das haben wir uns versprochen,

Wir sind jede nur mögliche Sekunde beieinander
Wie konnten wir jemals ohneeinander?
Wir lachen und reden
Und trinken und schlafen.
Doch es sind nur noch ein paar Tage,
Dann musst du zum Flughafen.
Sechs Wochen sind keine lange Zeit
Wenn du wiederkommst,
Haben wir noch die Ewigkeit
Wir haben so lange gewartet,
Was machen die paar Tage?
Ich schreib dir einen Brief,
In dem ich dir alles sage;
Und dass ich dich immer in meinem Herz trage.

Pinguine in Flugzeugen

Ich fang an dich zu vermissen
Noch bevor du am Flughafen ankommst
Doch beim Abschied
Habe ich mich zusammengerissen.
Du hast mir tausend Mal versichert,
Dass du heil wieder zurückkommst;
Außerdem hast du doch den Brief von mir
Und den Pinguin von damals,
Den trägst du immer mit dir,
Seit du ihn bekommen hast.

Solche Kleinigkeiten sind es,
Die mich wissen lassen,
Dass das Liebe ist
Und schon immer Liebe war.
Und ich glaub dran,
Dass es diesmal wirklich passt;
Dass wir es schaffen können,
Egal was kommt.
Dein Flieger startet,
Ich bin laufen im Wald
Und beobachte all die Flugzeuge am Horizont.

Facetime

Ich bin kein Mensch,
Der Facetime mag
Ich hasse telefonieren,
Doch nicht mit dir,
denn so sehe ich dich jeden Tag,
Obwohl uns Ozeane
Und Zeitzonen trennen;
Es hält mich über Wasser,
Dich jederzeit sehen zu können.

Wir reden Mal länger,
Ab und an auch nur kurz.
Erzählen uns von unserem Tag,
trinken zusammen ein Bier,
Doch jeden Tag wünsch ich,
Ich hätte dich hier.
Ich zähle die Tage,
Bis du endlich wieder hier bist,
Bei mir.
Ich glaube,
Ich habe noch nie so vermisst.

Silvesterblues

Das neue Jahr startet,
Ohne dich bei mir.
Verbringe Silvester mit Freunden,
Denn du bist ja nicht hier.
Krieg meinen Neujahrskuss
 von meiner besten Freundin
Und auch wenn ich froh drüber bin,
Hätte ich ihn lieber von dir gehabt.
Doch wir können uns
Das ganze neue Jahr noch küssen;
Und dann unser Leben lang.
Und wenn du wieder da bist,
Muss ich dich nie wieder vermissen.

Ich wünsch dir ein frohes neues Jahr,
dann musst du schlafen gehen.
Ich wünscht ich könnt die Zeit
Einfach ein Stückchen weiterdrehen;
Mich überkommt eine Art Melancholie
Frag mich,
Wann mir je etwas so gefehlt hat?
Die Antwort ist noch nie.
Doch wir haben unser Leben noch vor uns
Wir haben ewig viel Zeit
Egal was auch kommt,
Ich bin zu allem bereit.

Nie werde ich 27
Das hab ich damals gesagt.
Du hast gelacht
Und mich irgendwann gefragt,
Ob's wirklich so schlimm sei,
Also dieses Leben hier;
Doch nichts ist schlimm,
bist du bei mir.
Jetzt ist es doch passiert
Und ich bin 27
Und du bist noch tausende Kilometer entfernt
Doch in den letzten Jahren
Haben wir so viel dazu gelernt.
Zum Beispiel,
Dass Zeit nichts bedeutet,
Wenn man sie ohnehin nur vergeudet;
Und dass sie gleichzeitig unendlich
Und viel zu schnell vorbei sein kann.
Und du schreibst mir eine Karte,
Von dort, wo du grad bist;
In der steht,
Wie sehr du mich vermisst.

Jedes Geschenk von dir
Wirkt so unendlich bedacht,
Als hätten wir die letzten Jahre,
Jeden Tag gemeinsam verbracht.
Und alles,
Was ich mir vom Leben wünsche
Ist unendlich viel Zeit mit dir,
Um sie nie wieder zu verschwenden.

Süße Erlösung

Es ist Valentinstag und das heißt
Das Warten hat endlich ein Ende.
Dein Flugzeug landet am Morgen;
Deine Nachricht mit
„Ich bin wieder zurück"
Nimmt mir endlich alle meine Sorgen
Und erfüllt mich mit Glück.
Ich hol dich abends zuhause ab
Und wir fahren zu unserm Platz.
Umarmen uns ewig
Und dann sagst du einen Satz;
Es wäre jetzt vielleicht Mal an der Zeit,
Sind wir diesmal wirklich bereit?
„Willst du meine Freundin sein, so offiziell?"
Ich sag natürlich, ja;
Denn immerhin war das der Plan.
Und die Zeit an diesem Abend;
Sie vergeht zu schnell
Ich wünschte ich könnte sie anhalten,
Nur für diesen einen Moment
Unendlich sein mit dir
Denn in diesem Moment sind du und ich
 endlich ein „Wir".

Alles zwischen uns

Das mit uns passt perfekt;
Das hat es schon immer getan.
Ich wusste immer irgendwie:
Das ist Gottes Plan.
Jedes Mal,
Wenn wir uns verloren haben
War das nur um zu testen,
Wie stark es wirklich ist;
Das unsichtbare Band zwischen uns.
Wir verbringen jede freie Minute miteinander
Ganz egal wo,
Ob zuhause oder bei Freunden
Oder an unserm Platz am Wald.
Du nimmst mir alle meine Sorgen,
Und ich weiß,
Mit dir an meiner Seite
Gibt es immer ein Morgen.
Ganz egal wie chaotisch mein Leben auch ist
Weil du immer und jederzeit
Da für mich bist.

Freudentränen

Man sagt immer,
Es geht nur um diesen einen Menschen,
Den du anrufen willst,
Wenn dir etwas passiert;
Ob es gut ist oder schlecht,
Ob's ein Traum war oder echt.
Ich erhalte einen Anruf
Und kann's kaum glauben;
Schreib dir „du musst jetzt unbedingt rangehen"
Und ich facetime dich an.
Du bist erst besorgt
Doch dann
Freudentränen bei uns beiden,
Denn meine größte Last, das große Leiden
Ist von meinen Schultern gefallen.
Ich bin frei,
die Geschichte der letzten Jahre endlich vorbei.
Und vor mir liegt eine sorgenfreie Zukunft
Die ich mit dir verbringen will.
Denn du bist der Mensch,
Dem ich alles zuerst erzählen will,
Egal ob's gut oder schlecht ist,
Weil du alles für mich bist.

Fallen

Ich wollte nie,
Dass wir so werden wie die.
Diese Idioten,
Die sich über Kleinigkeiten streiten;
Zwischen denen plötzlich Dinge stehen,
Die so unbedeutend und klein sind,
Dass man darüber fallen kann,
Weil man eben stolpert,
Wie über eine Falte im Teppich
Oder einen Riss im Asphalt.
Doch wir sind Idioten der anderen Art
Und deshalb ist unser Fall besonders hart
Zwischen uns stehen Themen,
die da nicht stehen sollten.
Wir haben eben noch gedacht,
Wir werden zusammen alt.
Doch ich habe mal wieder
Eine meiner Phasen,
Die wir gemeinsam durchstehen wollten;
Doch du hast auch mit etwas zu kämpfen
Und weil keiner von uns darüber spricht
Erlischt es langsam, unser Licht;
Wie eine Taschenlampe,
der die Batterie ausgeht
Und alle unsere Pläne
Werden vom Wind verweht.

Wir sehen uns weniger,
Weil es jeder beim Anderen sieht
Doch statt es anzusprechen
Lieber in seine eigene Welt flieht.

Wie sollen wir über unsere Zukunft sprechen
Wenn wir lieber still für uns allein brechen?
Wie soll ich dich halten,
Wenn sich ständig unsere Meinungen spalten?
Wie soll ich dir geben können, was du brauchst,
Wenn du, statt zu reden lieber rauchst?
Wie soll ich dir sagen, was mit mir los ist,
Wenn du gerade nicht du selbst bist?
Wie soll ich noch für uns kämpfen,
Wenn ich sehe,
Was es mit dir macht?
Ich schätze wir haben,
Das alles nicht zu Ende gedacht.
Ich komm nicht damit klar
Dich so zu sehen
Würde dich gerne besser verstehen.
Doch ich bin viel zu sehr mit mir selbst beschäftigt
Und glaube dir gehts schlecht,
Weil ich so bin wie ich bin.
Genau deshalb nimmst du
Meine Distanz einfach hin.

Ich rede nicht mit dir,
Sondern mir lieber Schwachsinn ein.
Sowas wie:
Ich bin nicht gut genug für dich,
Ich tu dir nicht gut;
Mir fehlt, um dich zu lieben
Vielleicht einfach der Mut.
Doch nichts tät ich lieber,
Aber bin einfach noch nicht bereit,
Vielleicht heile ich mit der Zeit.
Es tut mir leid.

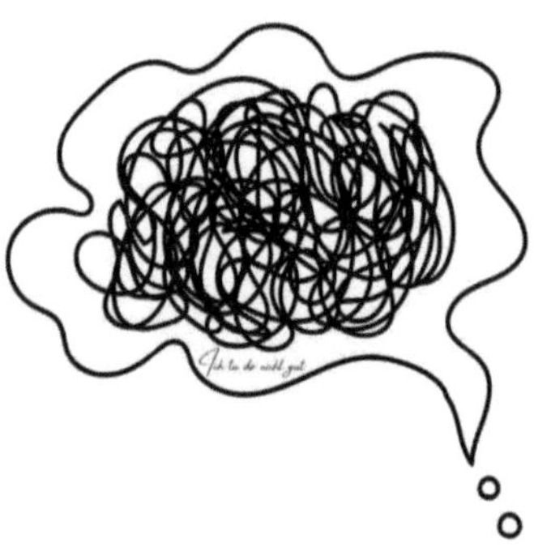

Scheitern

Im Dezember hast du noch gesagt
Du glaubst nicht,
Dass wir Scheitern könnten;
Es sei keine Option mehr,
Nach allem,
Was wir durchgestanden haben-
Miteinander,
Füreinander,
Wegen mir,
Wegen dir,
Wegen allem zwischen uns.
Doch jetzt stehen wir hier im Regen
Wie in einem scheiß Klischee Song;
Ich kann dich kaum noch ansehen
Schon seit Tagen.
Weil ich dich so nicht mehr erkenne
Und du fragst mich,
„Willst du dazu noch was sagen?“
Und ich hätte eine Millionen Dinge,
Die ich dir noch sagen will
Doch stattdessen zuck ich mit den Schultern
Und bin lieber still.
Doch das was jetzt kommt, ist nicht,
Was ich eigentlich ich will,
Doch es ist das Beste für dich
Und damit auch das Beste für mich.

April

Plötzlich ist es April und es regnet
Bis eben hast du noch gedacht,
du wärst mit mir gesegnet.
Doch ich sehe dich an und weiß,
Gleich beenden wir's,
Denn wir drehen uns ohnehin nur im Kreis.
Ich habe dich auflaufen lassen,
Ich hab dir von vornherein prophezeit:
Irgendwann wirst du mich hassen.
Alles, was wir uns noch bring' ist Leid
Gibt Wunden, die heilt nichts,
Nicht mal die Zeit.

Als du mich fragst,
Ob ich noch was sagen will
Zucke ich mit den Schultern
Und bin still
Dann war's das, sagst du
Und ich sag nichts dazu.

Gehen lassen

Du bist irgendwo zwischen wütend und verletzt
Und das, was dich wirklich so entsetzt
Ist meine kalte Miene,
Ich zeig keine Reaktion.
Und du sagst mit zitternder Stimme
Dann ist es wohl wahr,
Dass man gehen lassen muss,
Was man so liebt.

Ich murmle nur vor mich hin;
Ich weiß,
Für dich ergibt das alles keinen Sinn.
Doch ich kann nicht raus aus meiner Haut,
Ich hab's mal wieder voll versaut.
Und hoff, dass man mir irgendwann vergibt.
Doch wünsch dir,
Dass du nicht mehr wiederkommst,
Weil ich nicht gut für dich bin,
Auch wenn du mich liebst.
Und weil ich dich liebe,
Lass ich dich gehen
Und hoffe wirklich,
Irgendwann kannst du's verstehen

Und ein bisschen hoff' ich auch,
Dass wir uns nie wieder sehen.

Denn unsere Wunden gehen tief,
Doch das heilt sie schon, die Zeit.
Wir waren von Anfang an
Dem Untergang geweiht.
Vielleicht haben wir
Zu viele Fehler gemacht
Die keiner dem andern verzeiht,
Und nicht weiter drüber nachgedacht,
Was passiert,
wenn man nicht drüber spricht,
Was einem eigentlich das Herz zerbricht.

Das Blau deiner Augen
Werde ich nie vergessen,
Die Liebe zwischen uns
Nie an was andrem messen,
Als an dem, was wir waren:
perfekt unperfekt miteinander,
doch besser dran ohneeinander.

Nichts, was uns noch bleibt

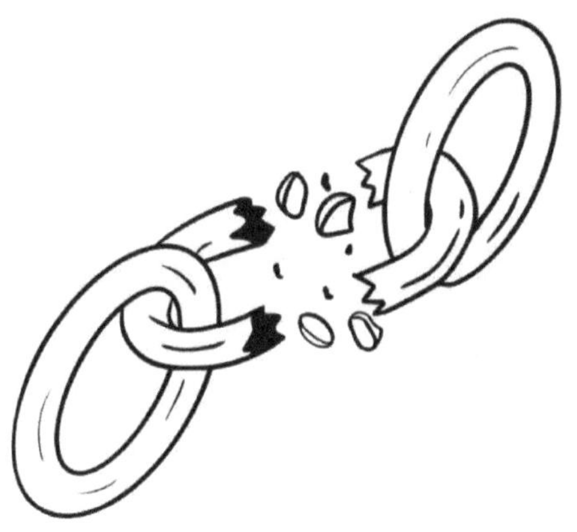

Eine Stille, so laut

Ich sehe immer wieder die letzte Szene
Sie steht wohl auf Repeat;
Wie eine Schallplatte,
Die sich aufgehängt hat
Und jetzt nur noch den Teil spielt
Den ich gar nicht hören will.
Ich kann es nicht vergessen;
Nicht aufhören daran zu denken.
Und ich werde still;
Stiller als je zuvor.
Und es wird kalt in mir;
Kälter als je zuvor.
In mir schreit alles
Denn ich hätte dir noch so viel zu sagen,
Doch ich darf nicht.
Weil es dir
Sonst wieder nur das Herz bricht.

Wenn du jemanden liebst,
Dann lässt du ihn gehen.
Wenn du jemanden liebst,
Dann willst du,
Dass er glücklich ist.
Auch wenn du von diesem Glück
Kein Teil mehr bist.
Und weil ich dich liebe,
bleibe ich still.
Weil ich weiß,
Dass ich dir nicht geben kann,
Was ich dir geben will.

Neuanfangen

Es wird Sommer
Und die Zeit vergeht.
Und weil ich weiß,
Dass mich keiner versteht
Geh ich wieder raus mit Freunden,
Feiern.
Doch mein Herz ist schwer,
Nahezu bleiern.
Und ich tu so,
Als könnte ich mich neu verlieben
Und versuch für andere zu sein,
Was ich für dich nicht sein konnte.
Das gelingt mir anfangs immer gut,
Doch mir ist keiner gut genug.
Ich finde das Gefühl nicht wieder,
Doch gebe mir auch keine Zeit
Ich weiß eigentlich genau,
ich bin noch lange nicht bereit.
Doch versuch andere zu lieben,
Aber mein Herz ist bei dir geblieben.
Ich verschwende meine Energie,
Es ist ein eher taktloser Versuch
Mich abzulenken
Denn denke ich an andere,
Muss ich nicht an dich denken.

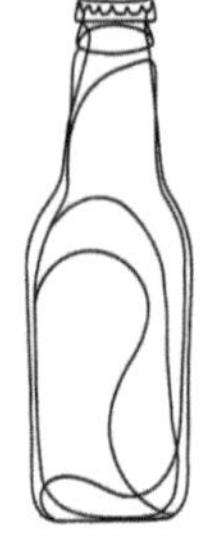

Zerbrechen

Ich habe seit unserer Trennung
Nicht einmal um dich geweint
Oder um uns.
Doch ich trag es mit mir rum
Wie einen Regenschirm;
So wie du deinen Schirm,
Als wir uns das letzte Mal gesehen haben.

In mir zerbricht etwas;
Jeden Tag aufs Neue.
Doch ich setz mich nicht damit auseinander,
Denn ich bin noch nicht bereit,
Ich brauche noch etwas Zeit,
Bis ich bereit bin,
Dich wieder zu vermissen.

Also lass ich währenddessen
Einfach andere ihre roten Flaggen hissen;
Und mir geht's gut damit,
Denn am Ende
Geht's mir damit beschissen.
Und ich habe mir das mit dir
Noch immer nicht verziehen,
Also habe ich das verdient.

Letzte Nachricht

Ich bin betrunken
Mit unseren Freunden
Und beschließe dir
Eine letzte Nachricht zu schreiben.
In der ich dir nicht alles sage,
Was ich noch sagen wollte.
Doch das,
Was ich unbedingt muss.

Wie leid es mir tut
Und dass du nichts dafür kannst;
Dass du einer der besten Menschen bist,
Die ich kenne;
Aber nicht,
Dass sich jeder Tag ohne dich anfühlt,
Als würde ich verbrennen.
Und dass ich wirklich glaube,
Dass du irgendwann jemanden findest,
Der dich glücklich macht,
So wie du's verdienst;
Dass ich mich selten so geliebt gefühlt habe,
Wie von dir.

Und dass ich es,
Könnte ich zurückgehen,
Zu unserer allerersten Begegnung,
Bei einem Hallo belassen würde,
Denn was ich dir angetan hab,
kann ich mir nicht verzeihen.
Und es sei einfach viel zu viel passiert
In all diesen Jahren.
Und es ging nie um das,
Was wir in dem Moment sind,
Sondern immer nur darum,
Was wir einmal waren.

Naive, betrunkene Kinder
Von der rosaroten Brille blind.
Vermutlich waren wir nicht
Füreinander bestimmt.

Fahrstuhlfotos

Mein bester Freund
Ist ein verdammter Vollidiot,
Denn ich schreib mit ihm
Und aus dem Nichts
Erzählt er mir,
Du hast eine neue Freundin;
Und wie süß die sei.
Du machst Fahrstuhlfotos mit ihr,
Und ehrlich, dieses Leben steht dir.
Und auch wenn es mir das Herz bricht
Schreib ich dir diesmal nicht.
Ich such mir wen für eigene Fahrstuhlfotos
Aber fühl dabei nicht das,
Was ich sollte;
Zumindest nicht, was ich wollte.
Und erklär ihm das so.
Ich merke für mich,
 ich bin nicht drüber hinweg
Und frag mich,
Ob du mich schon vergessen hast
Oder ob du mich auch
Noch ein bisschen vermisst
Doch selbst wenn es so wäre
Ändert es nichts
Denn wenn ich was berühre,
Dann zerbricht's.

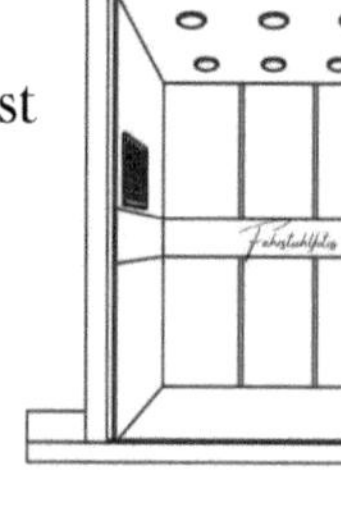

Loslassen

Und ich lass alles los
Und gestehe mir ein
Ich will noch nicht
Über dich hinweg sein.
Ich nehme mir die Zeit
Um zu trauern,
Um alles zwischen uns
Weil da nichts mehr ist,
Was uns noch bleibt,
Außer Erinnerungen aneinander.
Wir waren mal unzertrennlich;
Jetzt sind wir nur zwei Fremde,
Die eine Geschichte miteinander haben,
Die keiner mehr erzählen will;
Denn keiner will ein Märchen hören,
Wenn es kein Happy End dabei gibt;
Und keiner will was lesen wie:
„Und sie haben sich geliebt,
Doch weil keiner gern vergibt,
Der Stolz ständig im Wege steht,
Jetzt jeder seinen eigenen Weg geht"

Doch es wird leichter,
Jeden Tag;
Doch wäre heute letztes Jahr,
wüsste ich diesmal was ich sag.

Was du für mich warst

Du warst mein Leuchtturm,
Mein Anker,
Mein Licht in den dunkelsten Stunden;
Und ich weiß wirklich nicht, wo ich wäre
Hätte ich dich nicht gefunden.
Doch ein Leuchtturm ist nie nur für ein Schiff da;
Ein Hafen hat niemals nur Platz für ein Schiff
Und ein Anker hat ein Seil,
Das man durchtrennen kann.

Du warst meine 7 Minuten
Jedes Mal,
Wenn ich aufgeben wollte.
Ich zähle, was wir hatten,
In meinem Leben zum Guten.

Ich habe alles dank dir gefühlt;
Von reißender Wut
Bis hin zu unendlicher Liebe;
Und Dankbarkeit und Trauer.
Ich war verletzt und verliebt
Wie bei keinem zuvor.
Und wenn man mich nach Liebe fragt,
Ist es immer dein Name,
Den ich sag.

Und könnte ich zurückzugehen,
Zu unserer ersten Begegnung,
Zu unserem allerersten Kuss;
Ich würde alles nochmal tun,
Jeden Kuss, jede Träne,
Jeden Streit, jeden Absturz;
Jede lange Umarmung,
Jede durchgemachte Nacht,
Denn ich habe mit keinem zuvor
So wie mit dir gelacht.
Und wenn die Zeit mit dir eins war,
Dann immer zu kurz;
Niemand hat mein Herz
Jemals so zum Strahlen gebracht.

Was ich dir noch sagen wollte

Ich liebe dich,
Aber hab's immer gesehen;
Ich kann dir nicht geben,
Was du brauchst;
Und du mich niemals so richtig verstehen.

Denn ich bin viel zu schnell verletzt,
Ich bin viel zu aufbrausend
Und fühl alles viel zu intensiv.
Ich liebe die Menschen viel zu sehr
Und kann Ungerechtigkeit nicht ertragen;
Und doch kann ich nie etwas sagen,
In den wichtigsten Momenten.
Meine Stimme verstummt dann
Und ich häng plötzlich fest;
Und meine kalte Schulter
Gibt einem dann den Rest.
Ich kann verstehen,
Wieso du getan hast,
Was du getan hast,
Als wir jung waren;
So wie du verstehen kannst,
Warum ich getan hab,
Was ich getan hab.

Doch wir haben nie drüber gesprochen, oder?
Und das hat uns am Ende
Dann endgültig gebrochen.
Liebe erträgt eben alles,
Doch hält nicht allem Stand.
Da war unser Ego im Weg
Und viel zu oft auch der Verstand.

Doch glaub mir,
Solltest du mich jemals brauchen,
Bin ich da und reich dir meine Hand
Weil für mich auch unser Scheitern
 Nicht für immer zwischen uns stehen kann

Doch wenn du mich nicht brauchst,
Dann bleib ich dir fern;
Denn ich will dir nie wieder
Das Leben erschweren.
Auch wenn es mir weh tut
Oder gar das Herz bricht,
Du warst solange mein Licht,
Doch ich brauche dich nicht.
Zumindest rede ich mir das ein
Ich wollte immer nur dein Anker,
Nie eine Last, sein.

Ich dank dir für alles:
Für jedes Mal Tränen trocknen,
Für jede Nacht,
Die du wach warst;
Für jedes Mal rauskommen,
Wenn ich vor deiner Tür stand.
Für jedes Mal wieder aufmachen,
Wenn ich zurück zu dir fand.
Ich dank dir dafür,
Dass du mir gezeigt hast,
Dass man mich lieben kann,
so wie ich bin;
Ich dank dir,
Für nächtelanges Lachen.
Ich dank dir für das nicht nur reden,
Sondern auch machen.

Ich verankre diese Liebe tief in mir drin
Und sie schützt mich vor allem,
So wie du's sonst getan hast
Habe ich Zweifel an mir,
nimmt sie mir diese Last
Und ich liebe dank dir heute,
Den Menschen, der ich bin.

Ich wünsche dir eine Liebe,
Die so tief ist wie die Ozeane
Und dass sie dich nie zweifeln lässt;
So wie ich's zu oft getan hab.
Und dass sie dir geben kann,
Was ich dir nie gab;
Und dass sie alles hat,
Was ich nicht hab.

Und alles in allem
 Scheinst du endlich glücklich
Und das bringt mir Frieden,
Auch wenn es nicht mit mir ist;
Denn das ist alles,
Was ich für dich wollte:
Dass du glücklich bist
Und nichts in deinem Leben je vermisst.
Denn das bedeutet es für mich,
Jemanden aufrichtig zu lieben.

Ich hoffe nur,
Dass du mich nicht vergisst
Und du nicht bereust,
Was wir mal hatten.
Auch wenn das Ende unschön war,
So wie es gelaufen ist.

Ich hoffe, du weißt,
Dass du die Liebe meines Lebens bist;
Oder es mal warst;
Wie man das auch sagen will.

Ich wünsch dir alles Gute für dein Leben,
Besonders im April.

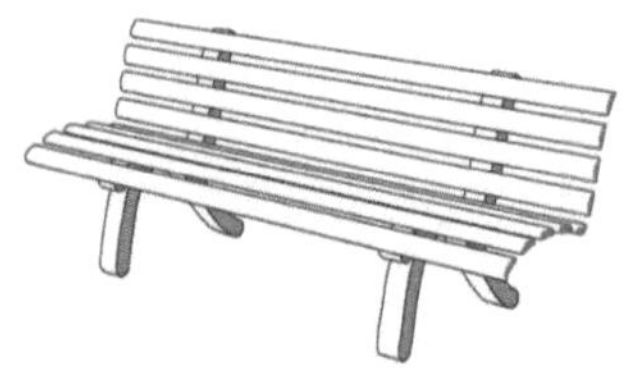

Über das Buch:

"Alles zwischen uns - und nichts, was uns noch bleibt" erzählt in Form von Gedichten, die Geschichte von zwei jungen, sich liebenden Menschen, deren Bemühungen aneinander festzuhalten, immer wieder an den Hindernissen des Erwachsenwerdens zerschellen und zeigt uns, dass Liebe vielleicht alles schaffen könnte, es aber vielleicht gar nicht können müssen sollte. Es ist eine Geschichte über Freundschaft, Liebe und tiefe Verbindungen. Eine Geschichte über das Loslassen wollen, den unsagbaren Wunsch sich für einen Menschen ändern zu können und den Schmerz, den die momentane Unfähigkeit dazu mit sich bringt.

Über die Autorin:

Die aus Hessen stammende Autorin wurde am 22. Januar 1997 in Groß-Umstadt geboren und lebt seit jeher in Südhessen. Sie hat bereits früh ihre Liebe zu Büchern entdeckt und wenig später, nachdem sie dazu in der Lage war einen Füller richtig zu benutzen, begann sie auch das Schreiben von Gedichten und Kurzgeschichten und befasst sich schon seit Kindestagen eher mit Themen, die nicht nur die Sonnenseiten des Lebens beleuchten.

Die Autorin hat im Mai 2024 ihr erstes Buch „Die Dunkelheit nach dir" auf story.one veröffentlicht und betreibt seit dem darauffolgenden Sommer einen florierenden Instagram-Account auf dem sie Lyrik und Kurzgeschichten über die Themen Liebe, das Leben und psychische Gesundheit veröffentlicht und Werke von anderen Autor*innen teilt, die ihr besonders an Herz gehen.

WORTLOS_GLUECKLICH